ÉLOGE FUNÈBRE

DE LA

TRÈS RÉVÉRENDE MÈRE

MADELEINE DE LA CROIX

FONDATRICE ET PREMIÈRE SUPÉRIEURE GÉNÉRALE

DES FILLES DE MARIE

PRONONCÉ

A LA CÉRÉMONIE DE SES OBSÈQUES

DANS LA MAISON MÈRE DE SAINT-DENIS

LE 30 JANVIER 1889

PAR

Mgr FRÉDÉRIC FUZET

ÉVÊQUE DE SAINT-DENIS

SAINT-DENIS

TYPOGRAPHIE GASTON LAHUPPE & Cᵉ

48, Rue de l'Église, 48

—

1889

ÉLOGE FUNÈBRE

DE LA

TRÈS RÉVÉRENDE MÈRE
MADELEINE DE LA CROIX

> Mulierem fortem quis inveniet?
> *Qui trouvera une femme forte ?*
> Prov. XXXI 10.

Mes Frères,

Cette femme forte que le Sage déclarait introuvable, la Réunion l'a vue, pendant quarante ans, ornée de tous les dons de la grâce, appliquée à toutes les œuvres de miséricorde, dirigeant, avec autant de sagesse que de succès, une grande famille religieuse qu'elle avait fondée, et nous voici réunis, au milieu de ses filles éplorées, pour rendre à sa dépouille mortelle les honneurs suprêmes, et donner à sa mémoire une suprême louange. La présence de tout ce peuple, de ces hauts fonctionnaires, du premier magistrat de la cité, de l'Évêque et du Clergé accourus à cette funèbre cérémonie, nous dit déjà quelle place celle que nous pleurons tenait dans l'estime publique. C'est le pays tout entier, c'est la Religion en deuil qui s'unissent pour entourer cette tombe de leurs regrets unanimes.

Mais il est pour cette femme forte un honneur plus grand encore que celui que lui apportent notre présence et nos larmes. Ses propres œuvres lui rendent un témoignage qui domine tous les autres : *et laudent eam in portis opera ejus*. Agréez, mes Frères, que je vous les rappelle pour l'honneur de la Colonie et de l'Église de Saint-Denis, pour la consolation de cet Institut, et pour l'éternelle gloire d'Aimée Pignolet de Fresnes, Mère Madeleine de la Croix, Fondatrice et première Supérieure Générale des Filles de Marie.

Née avec une âme généreuse, grande ; prévenue de la grâce dès ses années les plus tendres et demeurée inviolablement fidèle au Dieu qui avait parlé à son cœur d'enfant, Aimée Pignolet ne devait pas s'arrêter dans le chemin de la perfection ni demeurer dans la vie commune. Quand Dieu distingue par ses dons surnaturels les âmes d'élite, c'est qu'il veut se les attacher, et il ne cesse de les appeler à lui jusqu'au jour où l'union mystique avec le divin Époux se consommera dans les joies austères de la vie religieuse. Ce fut, mes Frères, au pied du lit de mort de son père qu'Aimée répondit définitivement à l'appel d'en haut. Elle tremblait pour le salut de l'âme qui allait quitter ce monde ; elle la marqua, pour ainsi dire, du sang de son sacrifice, et elle eut la consolation de la réconcilier avec son Dieu. Heureux, mes Frères, ceux qui trouvent ainsi, un ange à leur dernière heure pour faire luire au milieu des ombres qui s'épaississent les rayons de la foi, et leur parler des espérances du Ciel, alors que toutes les promesses de la terre les abandonnent.

Aimée Pignolet sera donc religieuse. Mais où ira-t-elle abriter sa vocation ? à quel institut se liera-t-elle par des vœux irrévocables ? qui la conseillera, qui la conduira ? Dieu, mes Frères, ne manque jamais à ceux qu'il appelle, et sa providence sait toujours préparer toutes choses pour la réalisation de ses desseins. Quand Sainte Scholastique se voua au Seigneur, le Seigneur lui donna un guide et un père dans son frère Saint Benoit, qu'il tira des vanités du monde, et qu'il marqua aussi du signe des élus. Pendant qu'Aimée avait grandi pour l'œuvre que Dieu voulait lui confier, un jeune créole avait entendu, à son tour, la voix divine lui dire : Viens, suis-moi. Par son père, il tenait à ces vieilles familles de Rouen, où le génie positif des affaires s'allie à la sage hardiesse des entreprises, et par sa mère à ces nobles familles italiennes restées inébranlablement fidèles à la Papauté dont elles avaient suivi la fortune errante, et qui se fixèrent avec elle, au XIVe siècle, sur les bords du Rhône, sous le doux ciel de notre Provence. Aussi, réfléchi et ardent, rien ne le détourne de la résolution qu'il a prise de se donner à Dieu. Ni les séductions du monde, ni la tendresse de ses parents, ni le succès de ses études à Paris, ni les rêves d'ambition qu'il caresse un moment, ni les objurgations de son père, ne peuvent l'empêcher de monter à l'autel. Un jour, dans la maison paternelle, la mère du jeune homme et sa sœur s'entretenaient de lui. Le soleil était à son déclin, les fenêtres du salon ouvertes laissaient pénétrer le souffle frais et suave de la brise du soir. Tout à coup, un de ces beaux oiseaux de l'île qu'on nomme avec un respect pieux, l'oiseau de la Vierge entre et vient se poser doucement sur le portrait de ce fils chéri. La mère ne peut s'empêcher de demander à la sœur quel message la Sainte Vierge leur envoyait au sujet de son frère. Le message virginal arriva. L'étudiant de Paris annonçait son entrée au Séminaire. Devenu prêtre, il se donna au vénérable Libermann, le fondateur de l'Institut du Cœur Immaculé de Marie. Ces deux grands cœurs qui s'étaient déjà rencontrés dans la solitude d'Issy, étaient faits pour s'entendre et demeurer à jamais unis, à la plus grande gloire de Dieu. Ce jeune homme, ce prêtre, ce religieux vous l'avez nommé, mes Frères, c'était Frédéric Le Vavasseur, la plus pure gloire de notre Eglise. C'est lui qui devint le conseiller d'Aimée Pignolet et plus tard le législateur de la famille religieuse qui devait naître de son admirable vertu. Mais, ne prévenons pas les temps que Dieu a marqués et rappelons plutôt aux jeunes compatriotes de Frédéric le Vavasseur le bel exemple qu'il leur a laissé. Ah ! Quand les sanctuaires pleurent parce qu'il n'y a plus de prêtres pour y célébrer les fêtes sacrées; quand les populations demandent le pain de la parole divine et les breuvages saints de la grâce, et que personne ne se lève pour les leur distribuer ; quand les instituts religieux voués aux missions voient leurs rangs décimés par leurs héroïques travaux, plus encore que par la mort, la voix du Seigneur ne se fera-t-elle plus entendre aux jeunes gens de la Réunion pour susciter parmi eux de nobles émules du généreux Frédéric, et préfèreront-ils à la gloire impérissable de servir Dieu et l'Eglise dans une vie d'honneur et de dévoûment, les éphémères satisfactions que le monde peut leur offrir dans une vie de plaisir et d'oisiveté ? Qu'ils regardent le modèle que nous leur rappelons, et qu'ils apprennent comment on se sanctifie, comment on se dévoue, comment on travaille.

Aimée Pignolet s'ouvrit au Père Le Vavasseur de son dessein d'embrasser la vie religieuse. Le Père ne se hâta point de répondre à ses désirs. Il la mit à l'épreuve. Il lui fit pratiquer la vie du cloître au milieu du monde. Les premières années de la vie et de la ferveur d'Aimée s'étaient écoulées à Saint-Benoit ; on y montra longtemps le hangar où elle se livrait aux œuvres que sa piété lui suggérait. Mais ce n'est pas là qu'elle devait faire l'épreuve définitive de sa vocation.

Contemplez, mes Frères, cet établissement qui s'élève sur les fertiles côteaux de Saint-André, et souvenez-vous de l'activité, du mouvement dont ces fabriques étaient le centre à l'époque où commençait la grande prospérité de l'industrie sucrière. Son propriétaire, M. Lagourgue, riche et bienfaisant, avait retiré sous son toit hospitalier sa sœur, Madame Pignolet, et ses deux filles, que des revers de fortune avait obligées à quitter la maison paternelle. Aimée s'est aussitôt mise à l'œuvre. Elle choisit la part la plus difficile : elle instruit les esclaves, elle les prépare à la réception des sacrements, elle catéchise leurs enfants, les dispose à la première communion, elle soigne les malades, et les entoure de toutes les sollicitudes d'une tendresse maternelle.

C'est plus qu'une nièce qui acquitte une dette de reconnaissance envers son bienfaiteur, c'est une sœur de charité qui a commencé son apostolat sous les livrées du siècle. Ne vous étonnez pas, Mes Frères, de voir déjà cette flamme monter vers le ciel si vive et si brillante ; voyez à quel foyer elle s'alimente: Tous les jours, dès l'aurore, la pieuse fille reste de longues heures en oraison, puis elle va se nourrir au pied de l'autel du Froment des élus et s'abreuver au calice du Vin sacré qui fait germer les vierges. Au milieu de sa journée, elle scrute sa conscience pour se retremper dans ses saintes résolutions ; sept fois, du matin au soir, elle récite les louanges de la Mère de Dieu, et quand la nuit enveloppe tout autour d'elle de ses ombres paisibles, elle veille seule devant le Seigneur, semblable à ces étoiles perdues dans l'immensité des cieux qui sont heureuses de ne répandre leur clarté que pour leur créateur. Que dis-je, Mes Frères, Aimée Pignolet n'était déjà plus seule à briller devant Dieu. Son zèle avait touché une de ses sœurs, Marie Anne, et une de ses cousines, Madame Léon de Villèle, que la mort de son mari avait rendue à tous les devoirs de la piété. L'Esprit de Dieu commençait à souffler sur nos îles. Déjà, à Maurice, plusieurs âmes s'étaient mises sous la direction du Père Le Vavasseur et lui demandaient aussi de les introduire dans les tabernacles de l'Agneau sans tâche. Le Père commençait à entrevoir la pensée divine qui avait tout conduit ; il écrivait à son ami, le vénérable Libermann : « il me sera facile, ce me semble, d'avoir des religieuses. Les vocations me paraissent nombreuses. Voici un projet qu'on veut essayer de mettre à exécution. De jeunes personnes de Bourbon appartenant à d'excellentes familles, d'une piété à la Sainte Chantal et à la Sainte Thérèse, veulent se dévouer pour la classe affranchie, et former une maison religieuse ouverte aux négresses. On leur enverra les jeunes créoles de Maurice, mais ces jeunes personnes, une fois religieuses, reviendront dans leur pays tenir des écoles. »

Autorisé à mettre son projet à exécution, il commença par donner à ses filles encore dans le siècle les règles que Saint-François de Sales avait écrites pour les religieuses de la Visitation, se rappelant, sans doute, que cette illustre Évêque avait rendu la dévotion aimable, tout en lui laissant, comme parle Bossuet, sa croix, ses épines, son détachement, ses souffrances. Ainsi donc l'heure approchait où le mystère qui avait caché l'œuvre naissante allait se dévoiler. Le grain de froment était tombé en terre, il y avait pris vie, mais il lui fallait ouvrir le sillon, apparaître à l'air libre et croître sous les rosées du ciel. Hélas ! que de difficultés, que de craintes, que d'alarmes ! La famille Pignolet était alliée aux premières familles du pays. L'honneur du monde verrait-il, sans s'y opposer, l'abaissement volontaire de ces jeunes filles ? Leur mère consentirait-elle à se séparer de ses enfants bien-aimées, qui étaient toute sa consolation et tout son espoir ? Puis c'était la pauvreté qui se dressait devant elles avec toutes ses rigueurs. Comment, une fois séparées de leurs parents et de leurs amis, nos religieuses vivront-elles ? Une âme vulgaire aurait hésité et rebroussé chemin. Aimée Pignolet était de la race des âmes fortes. Elles savent qu'elles peuvent d'autant plus compter sur les secours du Ciel, que les ressources humaines leur manquent davantage. Elles savent, que pour porter la croix et goûter les délices des épouses du divin Crucifié, il faut renoncer à tout, se dépouiller de tout, mourir à tout, et qu'alors seulement l'Epoux des Vierges, qui est un Epoux sanglant, place sur leur front cette couronne d'épines qui se transformera, après l'épreuve, en couronne de gloire. Ces âmes héroïques comptent sur Dieu, et Dieu ne leur manque pas. On le vit bien lorsque le Père Le Vavasseur demanda, plein d'hésitation, à Madame Gaëtan Pignolet de permettre à sa fille de quitter le monde. La grâce avait déjà incliné le cœur de la mère, la victoire fut facile. « Ce sera, lui disait le Père, un grand sacrifice que de vous séparer d'elle, mais Dieu saura bien vous en dédommager ». « Alors, répondit la pieuse veuve, pas une seulement de mes filles, mais toutes les deux. Je les donne toutes les deux à Dieu, il en fera ce qu'il voudra. » Oh ! que cette mère fut généreuse, et qu'elle fut sage ! cette fille qu'elle croyait vouer à l'obscurité du cloître, allait devenir l'honneur de sa maison, la gloire de son pays, la joie d'une grande famille. Qu'ils se multiplient donc ces foyers qui donnent leurs fils et leurs filles à la vie religieuse: ils attirent sur eux et autour d'eux toutes les bénédictions du Ciel.

Et vous, enfant de cette mère si bien inspirée, quittez les vertes collines de St-André, oubliez la maison de votre père, dites adieu à vos amies, venez. Victime sainte, vous êtes ornée pour le sacrifice, l'autel est prêt, les flambeaux sont allumés, et le Préfet Apostolique vous attend pour vous vêtir du voile des vierges et recevoir vos engagements. La voici, mes Frères, avec ses compagnes, prosternée dans l'église de la Rivière des Pluies, à l'ombre de laquelle le Père le Vavasseur avait résolu d'abriter la nouvelle communauté. Mgr Poncelet préside la cérémonie : une nombreuse assistance remplit la nef. Les rites sacrés de la consécration des vierges se développent dans leur ampleur majestueuse et touchante. La mère conduit elle-même ses filles à l'autel. Elle présente elle-même le voile blanc qui va lui dérober ces traits chéris et la lumière si douce de ces yeux qui ne s'ouvriront plus que sur le Ciel. O profondes émotions de ce spectacle digne des anges ! O joies célestes de ces noces mystiques, qui vous racontera ! O paroles que répétaient les échos du sanctuaire : *Venez, épouse du Christ, le Roi du Ciel veut placer son trône en votre cœur, votre beauté l'a ravi,* O chant du sacrifice, votre mélodie ne s'est jamais éteinte. Et ne l'entendez-vous pas, mes Frères, descendre aujourd'hui du Ciel entrouvert plus harmonieuse et plus suave ? Le chant du sacrifice est devenu l'hymne de la récompense. *Venez, épouse du Christ.* Ce ne sont plus les bords arides et désolés de la Rivière des Pluies qui le redisent : ce sont les Anges qui introduisent dans la béatitude éternelle l'âme de celle qui accomplit, il y a quarante ans, son immolation aux doux accords de cette psalmodie.

Les Filles de Marie existaient. Aimée Pignolet devenue Mère Madeleine de la Croix les gouvernait. Les évènements qui se déroulèrent autour du berceau de cet Institut prouvèrent aux esprits les plus prévenus ou les plus inattentifs, que la Providence avait bien choisi son heure. La liberté venait d'être proclamée, grand bienfait qui entraînait avec lui de grandes responsabilités et de grands périls. Les esclaves émancipés ne se lèveraient-ils pas contre leurs anciens maîtres pour venger les maux de leur servitude ? Ne se retireraient-ils pas loin des centres habités pour vivre entre eux, sans nul rapport avec ceux qui s'étaient obstinés à ne pas vouloir briser leurs chaînes ? et les maîtres eux-mêmes, quelle attitude garderaient-ils vis-à-vis de ces hommes qu'ils regardaient hier encore comme leur chose. Toutes ces questions se posaient avec anxiété, lorsqu'on vit heureusement apparaître des signes avant-coureurs de la paix et de la concorde. La Religion avait préparé les esprits et les cœurs à ce changement, et la fondation de la congrégation des Filles de Marie fut, au milieu de ce bouleversement, comme un phare allumé par Dieu, pour montrer à tous la voie qu'on devait suivre. La Fondatrice et ses compagnes, je l'ai dit, appartenaient aux meilleures familles de la contrée. Cependant, touchées des vertus de certaines esclaves et du désir ardent qu'elles éprouvaient d'entrer dans l'état religieux, elles résolurent de leur ouvrir les rangs de leur Association, et l'on vit ces filles qui, la veille, n'avaient pas même un nom, venir prendre place à côté de leurs maîtresses, avec les mêmes titres et les mêmes droits. C'est ainsi que la Religion, par un exemple frappant de charité pratiquée dans la vie commune, disait à tous les habitants de Bourbon : *Aimez-vous les uns les autres.* L'union des maîtres et des esclaves qui avait paru impossible, devenait chez les Filles de Marie un fait vivant qui contribua singulièrement à adoucir ceux qui avaient souffert et à faire respecter ceux qui avaient été méprisés. C'était un admirable spectacle qui rappelait ceux que vit la primitive Eglise, lorsque saint Paul eut formulé la loi de liberté apportée par le Christ : « il n'y a plus parmi vous ni Juifs, ni Grecs, ni Gentils, ni hommes libres ni esclaves, vous êtes tous un devant le Seigneur Jésus. » Rien n'égalait la douceur de cette charité chrétienne qui confondait tous les rangs sous la direction de la Mère Madeleine de la Croix, si ce n'est la piété de ces filles dignes d'une telle mère.

Voyez-les, mes Frères, sur la lande pierreuse où elles ont élevé de leurs mains les pauvres cases qui les abritent. Quelques branchages les préservent des ardeurs du soleil, mais les laissent exposées aux pluies torrentielles ; le sol nu leur sert de plancher ; elles n'ont d'autres sièges que les galets rugueux pris dans le lit de la rivière, d'autres couches que quelques morceaux de bois, d'autre nourriture qu'un peu de riz, d'autre boisson qu'une eau saumâtre. Leur détresse était si profonde qu'elle excitait la pitié des plus pauvres.

Le Père Le Vavasseur avait bien raison d'écrire à son vénérable Supérieur, en parlant de sa fondation : « c'est une œuvre bâtie toute entière sur la pauvreté, l'humilité et le travail. » Quelle leçon, mes Frères, pour notre délicatesse ! La folie de la Croix nous étonne, peut-être elle nous fait sourire. Mais souvenons-nous que c'est sur cette folie que notre prudence sera jugée et confondue. Si nous ne pouvons tous suivre de si rudes sentiers, nous pouvons tous, au moins, nous détacher en esprit du monde et de ses enchantements et mériter par notre humilité, notre charité, d'avoir quelque part à la récompense magnifique réservée à ceux qui se font pauvres volontairement pour l'amour du Christ.

La récompense fut, pour la Mère Madeleine de la Croix, le prompt épanouissement de son œuvre. Le Père Le Vavasseur rappelé en France avait dit à la Fondatrice : « Dieu demandait de moi trois choses pour votre œuvre ; la première, que j'y préparasse votre âme ; la seconde, que je vous fisse connaître le moment où vous deviez la commencer ; la troisième, que je vous donnasse vos règles. Le reste vous regarde. » Puis il laissa à ses Filles pour devise ce cri d'amour : *Jésus tout seul.* Noble et sainte devise qui consola toujours les Filles de Marie, qui les soutint et les conduisit toujours à la victoire, à travers toutes les épreuves dont les œuvres de Dieu sont accompagnées.

N'attendez pas, mes Frères, que je vous entretienne des épreuves purifiantes et fécondes qu'eut à traverser notre pieuse Fondatrice. Je préfère vous montrer les résultats de son gouvernement plein de fermeté, de douceur et de sagesse.

Généreusement aidée, comme le furent toutes les saintes entreprises dans votre beau pays, elle put bientôt bâtir à Saint-Denis une maison digne d'être le chef-lieu de la Congrégation. Monseigneur Maupoint ne vint pas la bénir sans féliciter ses chères Filles de cet accroissement. « Nous remercions le Ciel, leur dit-il, d'avoir réservé à notre épiscopat le double bonheur de bénir votre Maison et de vous introduire dans ce nouveau sanctuaire où nous demanderons constamment au Seigneur que coulent pour vous le lait et le miel des consolations célestes, qui seules peuvent vous soutenir dans le sentier si âpre et si difficile des bonnes œuvres. »

Quand ces vastes salles, ces jardins, ces cloîtres, furent ouverts aux nombreuses Filles qui se pressaient autour de la Mère Madeleine de la Croix, son humilité s'alarma. Elle eut peur que sa famille religieuse oubliât la pauvreté de son berceau, et alors, elle construisit de ses mains vénérables une petite case toute pauvre et toute délabrée. Elle le plaça dans la salle du Chapitre, elle l'entoura des portraits des Pères et des Bienfaiteurs, et elle voulut qu'elle fut un monument qui rappelât sans cesse à ses Filles ce qu'elles avaient été, afin qu'elles ne perdissent jamais l'esprit de leur origine. Cependant Dieu se plaisait à bénir cette grande vertu et à la faire rayonner au loin. Le noviciat s'agrandit, les écoles confiées aux Filles de Marie se multiplièrent. Les Evêques de Saint-Denis approuvent, tour à tour, leur Règle ; le pouvoir civil leur donne la sanction légale ; les hôpitaux s'ouvrent à leur zèle. Maurice les appelle ; bientôt elles traversent les mers, et l'Afrique voit aborder sur ses plages inhospitalières, ces anges de la charité et du dévoûment. « Il y a vingt ans, s'écriait l'éloquent évêque de Grenoble, dans l'oraison funèbre du troisième Supérieur des Pères du Saint-Esprit, il y a vingt ans que j'abordai à Zanzibar avec ces chères Filles du Père Le Vavasseur et que pour la première fois, la nuit de Noël, j'y offrais à Dieu le sang réparateur de son Fils Jésus : il y a vingt ans passés que ces admirables vierges apprennent aux mahométans, aux nègres de ces contrées idolâtres à connaître leur Sauveur ; et déjà la liberté et la vérité se sont levées sur ces rivages comme une douce aurore. » Qu'importent les revers, les combats, les souffrances, quand l'œuvre de Dieu obtient de tels triomphes ! Certes, le triomphe était beau ; toutefois avant de mourir, la Mère Madeleine de la Croix a pu en entrevoir un plus beau encore. Elle a entendu l'auguste voix de Léon XIII appeler la pitié de l'Europe sur ce vaste continent africain où l'esclavage règne encore ; elle a entendu les cris éloquents de l'illustre Archevêque de Carthage, qui ont ému le monde entier sur les horreurs du trafic honteux qui désole ces contrées ; elle a vu déployer les premières bannières des nouveaux croisés qui vont rendre à la liberté ces peuplades assises dans les ombres de la barbarie. Mais sur ces champs de bataille de l'Evangile et de la civilisation, les soldats ne suffisent à tout. La Sœur de charité y a sa place marquée, et quelles Sœurs sont mieux préparées à ce rôle angélique que vos Filles, ô Vénéré Mère ? Cette vision, nous le savons, a consolé votre agonie ; le Ciel ne trompera pas vos espérances et vos enfants iront jusque sur ces bords lointains porter les beaux exemples de votre vie et les parfums de votre douce mémoire. Elles ne resteront pas seules ; de courageuses compagnes les rejoindront. Aux leçons de tant de vertu, les jeunes filles de la Réunion comprendront le noble usage qu'elles peuvent faire de leur vie et des dons que le ciel leur a prodigués. Elles quitteront elles aussi la maison paternelle et ses joies, le monde et ses vanités. Elles se diront que les meilleures joies n'ont qu'un jour, et que les vanités sont le partage des âmes vaines. Elles choisiront la meilleure part, et donneront à la mère Madeleine une nouvelle génération de ces vaillantes et modestes héroïnes qui travaillent, se dé-

vouent et meurent en répétant le cri des grandes âmes :
Jésus tout seul.

Ces succès, mes Frères, les Filles de Marie les achètent par l'acte le plus héroïque qu'une créature humaine puisse accomplir : donner sa vie pour ses semblables. Déjà, quand le choléra décima la Cité, on les vit avec nos chères filles de Saint-Joseph accomplir des prodiges de charité auxquels le Baron Darricau rendit un éclatant témoignage. Mais cet heroïsme chrétien que la Cité vit un jour, la Montagne Saint-Bernard le contemple depuis de longues années. Ecoutez cette page pleine d'émotion, laissée par Mgr Maupoint, l'évêque si aimé, et si digne de l'être. Il parle de la Léproserie fondée par M. Hubert de l'Isle, ce Gouverneur éminent dont le nom sera toujours associé à celui de ce Prélat dans les meilleures pages de votre histoire. « Là, plus d'une fois, nous avons vu ces religieuses à l'œuvre et nous avons toujours été émerveillé des soins délicats, des prodiges de charité dont elles entourent leurs infirmes et le jour et la nuit. Là, nous avons vu l'une d'elles infiltrer de la nourriture par un tuyau de plume à une infortunée dont la lèpre avait emporté les deux bras, le nez, les oreilles, les lèvres, la machoire inférieure, toute la peau de la tête et les cheveux et dont la figure ressemblait à une tête de mort rougie au feu. C'était plus hideux qu'on ne saurait l'exprimer. Et bien, cette pauvre sœur menait ce rude métier depuis plusieurs années. Dans cet asile de souffrances inconcevables, une vingtaine de Sœurs se partagent les rôles, horribles aux yeux de la nature, magnifiques aux yeux de la foi. Vaillantes guerrières du Seigneur, c'est à qui plantera le plus haut le drapeau de la charité... Bénies soient-elles ces chères Sœurs et bénies soient leurs œuvres ! Nous leur souhaitons beaucoup de courage, car leur journée est à peine commencée, et elles ont devant elles un grand avenir et un large horizon. »

Je vous ai dit, mes Frères, comment la Mère Madelaine de la Croix a rempli sa journée, et comment au déclin de sa vie, l'avenir s'est encore ouvert devant elle, lui offrant, au loin, de nouvelles moissons. Hélas ! l'ouvrière du Seigneur avait épuisé ses forces dans le labeur glorieux mais meurtrier du Supériorat et de la vie religieuse ? La vie religieuse ! qui nous apprendra avec quelle perfection la Mère Madeleine de la Croix la pratiqua ? Interrompez vos sanglots et racontez nous ce que vous avez vu, ô vous qui avez été ses compagnes fidèles ! Racontez-nous comment cette femme héroïque a poussé la mortification de ses sens jusqu'à ne faire, pendant quarante ans, qu'un pauvre repas par jour, à ne boire qu'un peu d'eau, abréger son sommeil, entourer son frêle corps d'un cruel cilice et renouveler les austérités les plus sévères de la pénitence chrétienne. Racontez-nous son humilité profonde, son esprit de foi si ferme, sa résignation inaltérable, son amour insatiable des souffrances. Racontez-nous les merveilles de son gouvernement doux et fort, et les leçons qui découlaient de ses lèvres où la Sagesse divine avait placé ses attraits, son pouvoir et sa prudence. Mais non ; laissez couler vos larmes : elles nous disent mieux que tous les discours le trésor que nous avons perdu.

Il ne me reste plus, mes Frères, qu'à vous peindre les derniers moments de la Mère Madeleine de la Croix.

La mort avait brisé peu à peu les liens qui la retenaient à la terre. Sa sœur, Marie Thérèse de Jésus, était partie la première, après avoir embaumé sa congrégation des parfums de la sainteté. Le Père Le Vavasseur l'avait suivie. En rendant le dernier soupir, il avait laissé comme un testament sacré à tous ses fils en religion la recommandation de prendre toujours sous leur protection ses chères Filles de Marie. Ils n'ont point oublié ses suprêmes volontés, et nous sommes heureux, au milieu de notre deuil, de leur en témoigner notre vive reconnaissance. Le trépas de la Mère Marie Anne de Jésus presque subitement ravie à sa maternelle affection, fut le dernier coup qui consomma son détachement. Dès lors, elle ne fit plus que languir. Je parle de son corps que le poids de la douleur courbait vers la tombe, mais son âme plus vaillante que jamais ne connut point de défaillance. Toujours soumise à la volonté de Dieu, elle baise amoureusement sa dernière croix. N'avait-elle pas souvent répété à ses filles : « Notre Seigneur a voulu être baptisé sur le Calvaire d'un baptême de sang. Imitons Notre Seigneur. Acceptons avec générosité les croix que Dieu nous impose. » Elle se prépara comme se préparent les saints à paraître devant le souverain Juge.

Je l'ai vue, mes Frères, étendue sur sa couche austère, et je garderai à jamais son image gravée dans mes souvenirs. La chair n'était qu'un voile transparent tout illuminé des splendeurs d'une âme où Dieu habite. Paisible, souriante, elle s'applique encore aux devoirs de sa charge avec une ponctualité, une lucidité merveilleuses. Toute aux pensées de l'éternité, elle est aussi toute à sa famille religieuse, mais saintement, mais surnaturellement. J'en ai été le témoin, lorsque je suis venu lui annoncer les bonnes dispositions du Saint-Siège à l'égard de son Institut. D'autres auraient laissé éclater leur joie, la Mère Madeleine, instruite à l'école de la perfection, leva les yeux au Ciel, joignit les mains, puis baissant profondément la tête, elle me dit : « Monseigneur, quel sujet de m'humilier devant Dieu ! je n'étais pas digne de ces marques de sa bonté. »

Mes Frères, quand l'âme rend de tels sons, elle n'appartient plus à la terre ; elle déploie déjà ses ailes vers le séjour des Elus. Cependant les forces abandonnent la vénérable Mère ; sa vie s'éteint peu à peu ; elle ne peut plus donner à ses Filles que ses derniers conseils d'obéissance aux Supérieurs ecclésiastiques, de mutuelle charité, de fidélité à la Règle. Elle ne peut plus que coller ses lèvres desséchées sur l'image de son Sauveur, lever sa main défaillante pour bénir ses enfants et leur montrer le Ciel où elle leur donne rendez-vous. Réconfortée tous les jours par le corps du Christ, elle a reçu l'Extrême-Onction ; elle a entendu les sublimes prières du départ, elle murmure encore des actes de foi, d'amour et d'espérance ; elle prononce encore les noms sacrés de Jésus, de Marie, de Joseph et de ses saints patrons. Tout à coup un rayon de joie illumine son visage. Le jour éternel a déchiré pour elle les voiles du temps ; elle ferme les yeux, elle incline la tête ; elle s'est endormie doucement et saintement dans la paix du Seigneur. Elle n'est point morte, mes Sœurs, elle dort le sommeil des Justes. Ne troublez pas son repos par votre douleur. L'Espérance plane sur ce cercueil, et nous montrant la trace radieuse de cette âme rentrant dans le sein de Dieu, elle nous dit que de là-haut elle veillera sur son Œuvre et sur celles qui la continueront pour le bonheur de notre peuple et la gloire de notre Eglise.

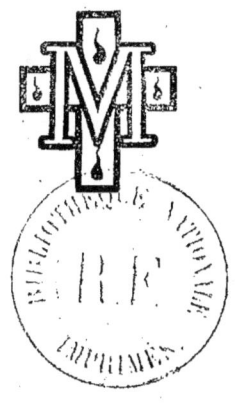

Typographie GASTON LAHUPPE et C°.

www.ingramcontent.com/pod-product-compliance
Lightning Source LLC
Chambersburg PA
CBHW070536050426
42451CB00013B/3035